伝道シリーズ 10

田代俊孝《たしろしゅんこう》

満之に学ぶ生と死

＊目次＊

✢満之の生涯

清沢満之《きよざわまんし》は一八六三（文久三）年に名古屋市黒門町に生まれました。徳永満之助という名前でしたが、後に仏教を志《こころざ》して、名を満之と改めます。愛知外国語学校を卒業して、両親がたいへん熱心な真宗門徒の家庭でしたので真宗大谷派から東京留学を命じられ、東京大学予備門に編入学し、文学部へ進みます。一時、学生騒動等で退学させられましたが、再入学します。満之は、東本願寺の奨学金をもらって大学へ行っていたのです。一八八七年に東京大学の哲学科を卒業して、大学院で宗教哲学を専攻し、同時に第一高等学校と哲学館に出講しています。哲学館は、同じ東本願寺の僧であり、満之と親しかった井上円了が創設したもので、現在の東洋大学の前身です。

そして、一八八八（明治二一）年に東京大学を出まして、京都府立尋常中学校長になります。この学校はもともと「大谷尋常中学校」でしたが、京都府が財政困難で学校経営ができなくなり、大谷尋常中学に併合していたのです。

その後、一八八九年には「純正哲学」を『哲学館講義録』に掲載し、活発な学会活動を始めます。一八九〇年、二十八歳の時に、中学校長を辞し、思うところがあって禁欲生活に入ります。そして、一八九一年からは、稲葉昌丸《まさまる》らと宗門改革運動等に没頭していくわけです。一八九二年には『宗教哲学骸骨』を法藏館から出版しておりま す。一八九三年には、シカゴの宗教大会で英訳の『宗教哲学骸骨』を発表して、好評を得ます。

一八九四年、満之三十二歳の時、結核のために教職を辞し、兵庫県の須磨西垂水に転地療養に行きます。そして大谷尋常中学校長に、沢柳《さわやなぎ》政太郎が就任します。一八九五年、満之は学制改革を頓挫《とんざ》して、療養を打ち切り、村上専精、南条文雄らと、寺務改正の献言書を提出します。その年に『他力門哲学試稿』を完成しております。

その間、次第に結核がひどくなってまいります。一八九六年、満之三十四歳の時、京都白河村（今日の左京区北白川）に、今川覚神、井上豊忠、稲葉昌丸、月見覚了、清川円誠らと教界時言社を構えて『教界時言』を発行し、宗門改革を推進します。満之は一八九七年に宗門から除名されますが、一八九八年に解除されます。そのころに、ローマ哲学、ストア派の『エピクテタスの語録』に出会うわけです。

そして一八九九年、同じころに東京大学にいた東京本郷の近角常観《ちかずみじょうかん》（滋賀県の湖北町出身の東本願寺の僧侶で、『求道舎』を設立）方に寄寓し、真宗大学学監心得《がっかんこころえ》に就任します。京都の高倉学寮が、この年に、東京の巣鴨に真宗大学という形で開学するわけです。ちなみに、後にその真宗大学は京都へ移転して、大谷大学となります。

一九〇二（明治三五）年、満之四十歳の時、学生の反抗にあい、真宗大学学監を辞任します。この年、長男信一、妻やす子が、相次いで結核で亡くなります。そして彼自身も一九〇三（明治三六）年、四十一歳で亡くなってしまうわけです。絶筆として有名なのが『わが信念』であります。

✧不治の病の中で

満之は結核で亡くなったわけですが、当時、結核はやはり不治の病《やまい》だったのです。今日の、末期ガンなどの不治の病の人と同じ状況に生きた人です。そういう中で、満之は専門の哲学を専攻し、どのようにこの死を超えていったのかということを学びたいと思います。

満之はわずか四十一歳で生涯を終えていますが、その四十一歳の生涯というのは、文字どおり生と死を問い続けた生涯であったわけです。西洋哲学から親鸞思想へという、学問的な道程もさることながら、満之自身がいつも死に直面していた中で生と死を考えているわけです。三十歳過ぎから、満之はいつも手元に痰壺《たんつぼ》を持って、その痰壺に血を吐きつつ、さし迫った死というものを眼前に見据えながら生きていたのです。

しかし、死の問題について、学生時代はそれほどの緊迫感はありません。東京大学在学中に書いたものの中にも、仏教で言います「生死即涅槃《しょうじそくねはん》」といったような死に関する言葉が、メモあるいは講義ノートの端々にあります。その時代の満之の著作の代表的なものは、『宗教哲学骸骨』です。その中でも、死ということが、問題となっております。それには、

曰《いわ》く哲学は死を研究する学なり。哲学者は、毎日死する用意をなしつつあり。

と、哲学というのは死を研究する学である、ということまで言っております。しかしそれは、その当時の満之にすれば、哲学としての学問的な興味で、生と死が課題になっていたのだろうと思います。つまり、ほんとうに自分の身の上において、生と死が課題になっているということにはなっておりません。ある意味では哲学的あるいは理屈っぽい形で、生と死ということが論じられているような気がいたします。

それが三十歳を過ぎて、一八九四年、三十二歳の時に、垂水に転地療養します。転地療養しなければならないほど結核はひどくなってきたわけです。その二、三年ぐら

い前から、結核の症状が出ていたと思われます。『宗教哲学骸骨』を書いた直後ぐらいから、死の問題は、単なる知的な興味ではなくて、自分自身の上において、どう死を超えていくのか？　という課題になってきているのではないかと思います。

それを物語るように、一八九四年に彼が記しております『保養雑記』の中には、

そもそも宗教なるもの、吾人《ごじん》にありて最重要たらんか。

と、筆を起こし、そして、

宗教の定義、数ありといえども、その最も簡適《かんてき》（簡潔で適当）なるものは、宗教は死生《しせい》の問題について安心立命《あんしんりつめい》せしむるものなり。

「宗教は私にとって何よりも重要なものである」、そして「宗教は生死の問題について安心立命するものである」と言っているのです。ということは、そこに知的要求としての宗教学から、あるいは哲学から、「吾人にありて」という言葉が示すように、いわば主体的な立場、自身の立場において宗教を学んでいるわけです。死の問題が、

単なる観念上の問題から、今度は自分自身の生き方における課題として、主体的に問われはじめているのです。

死に直面してはじめて、宗教は「死生の問題について安心立命せしむるものなり」と言いきれるようになったのであろうと思われます。それは、満之自身の自らの死の不安からの解放が、宗教にしかないのだということを実感した言葉であろうと思われます。そこから、痰壺を傍《かたわ》らに置きながら、予断を許さない切迫した中で必死に生死を超える道を求めていかれたのであります。

✢死生、均しくす

満之は三十四歳の時（一八九六年）に、釈尊の降誕会《ごうたんえ》、四月八日の花祭りにお話をしています。その中で、お釈迦さまのおめでたい誕生日に、死についての話をしています。「釈尊がこの世に出現になったのが喜ばしいことである」。しかし、そこでこういうことを考えてほしい、と、つぎのように言っています。

この世界へ生まれ出たるのは、決してよきこと喜ばしきこととは申されません。この世界を去りて浄土へ往生するのが、真のよきこと喜ばしきことであります。生まれたり死したりする迷いを離れて、生まれもせぬ、死にもせぬ悟りにいるのが、真のよきこと喜ばしきことであります。

「生まれもせぬ、死にもせぬ悟り」、文字どおり不生不滅《ふしょうふめつ》・不生不死《ふしょうふし》に目覚《めざ》めていくことが、ほんとうの意味での喜びである、誕生のみを祝うのではなくて、死ということも均《ひと》しく見て、そしてそのことによって生とか死とかいうことのとらわれを離れた世界、不生不滅に目覚めていくべきである、と言っているわけです。

それから一八九九年の『有限無限録』の中でさらにこう言っています。

死生を均しくするの人は、現在に苦を感ぜざるべし。その未だ苦を脱せざるは、未だ死生を均しくし了《おわ》らざるが為なり。

われわれは生に執着して、生のほうだけを見ていますが、死も均しくするべしと。また、一八八六年の『見聞随載録』には「死は生の母なり」とも言っています。事実は生だけではない。生と死というのは、相均しく存在するものである。裏表である。もっと言えば、死によって生が見えてくると言われているわけです。

そういう中で満之は死ということを課題にしてまいりました。ちょうどそのころ、三つの著書に出会っております。一つは『阿含経《あごんぎょう》』です。これは大乗仏教に対して言えば小乗の仏典と言われるもので、釈尊の伝記を主体にして書かれた経典です。

その次に、たまたま満之が明治三十一年九月十九日、友人の沢柳政太郎の家に滞在した時に、彼の書架でふと目に止まった本があった。それが『エピクテタスの語録』です。これはローマの哲学書です。

そしてもう一つが『歎異抄』です。『歎異抄』については、もちろんもっと以前から出会っていたのだろうと思います。満之はその当時、この三つを「予《よ》が三部経」という言い方で言っています。

満之はエピクテタスとの出会いを、稲葉昌丸宛の手紙で次のように述べます。

今回、沢氏（沢柳氏）方にて羅馬（ローマ）の大哲、エピクテタス氏の遺著、借来読誦いたし候。（中略）死の恐怖を除去せよ。思ふままに雷電光はためくと想え。斯《か》くて爾《しか》ば気静神間の主宰才能中に存することを知るなるべし。（中略）死生命《しせいめい》あり、富貴《ふうき》天《てん》にあり、是れエ氏哲学の要領に有之様被思候。

「死生命あり、富貴天にあり」。これはもともと『論語』に出てくる言葉ですが、『エピクテタスの語録』の中のこの言葉を通して、満之はいわば親鸞の自然法爾《じねんほうに》という立場を自覚するわけです。親鸞の自然法爾というのは、あるがまま、なすがままという立場です。自《おの》ずから然《しか》らしむ、です。

満之の立場から言えば、われわれの苦悩というのは、命を長くしたい、きれいに死にたいという計らいからおこる。しかし、その計らいが無限との出会いによって破れたなら、長くてもよし、短くてもよし、ポックリ死ななくても、どんな死に方をしてもいいという人生をいただくのです。われわれは、親鸞が自然法爾という、無限の中、あるがまま、なすがままの世界にありながら、その中で長ければ長いほどいいとか、きれいな死に方のほうがいいという価値観にとらわれて、妄想を抱いて生きているのです。だから、無限との出会いによってその妄想を破れば、そのままが救われた世界であるという受け止め方、あるがまま、なすがまま、身をまかせきった立場が開かれる、そういうふうに受け止めているのです。

不如意の自覚

エピクテタスの言葉に出会い、同じ日の日記に、次のように書いてあります。

意の如くなるものあり。意の如くならざるものあり。意の如くなるものとは、意見・発動・欣厭《ごんえん》これなり。意の如くならざるものとは、身体（病気はこれに属す）・財産・名誉・官爵これなり。（畢竟《ひっきょう》）、自に属するものと然らざるものとなり。如意《にょい》なるものに対しては、吾人は自在なり。制限および妨害を受くることなきなり。不《ふ》如意《にょい》なるものに対しては、吾人は脆《ぜい》弱なり。奴隷的なり。他力の掌中にあるなり。この区分を誤想する時は（すなわち不如意なるものを如意なりと思い、これに対して煩悩する時は）、吾人は妨害に遭《あ》い、悲嘆号泣に陥り、神人を怨謗《えんぼう》するに至るなり。如意の区分を守るものは、抑圧せらるることなく、妨害を受くることなく、人をも謗《そし》らず、天をも怨《うら》みず、人に傷つけられず、人を傷つけず、天下に怨敵なきなり。疾病《しっぺい》・死亡・貧困は不如意なるものなり。これを避けんとする時は、苦闘を免るる能はじ。

これを、当時の日記に書き、その後、『有限無限録』という著作の中に、そのまま収載しております。もっとも、財産、名誉、官爵まで単純に不如意とするには問題が残ります。やはり、時代感覚の制約があるのでしょうか。しかし、命については、そのとおりです。

つまり如意と不如意という立場で、命ということを、満之は考え、見つめています。如意というのは、思いどおりになること、不如意というのは、思いどおりにならないことです。だから、命は思いどおりにならない。つまり不如意です。病気も不如意、老いも不如意です。ところが、われわれはそれを如意と思ってしまう。自分は病気ではない、いつまでも若いのだと、不如意なるものを如意と思っているわけです。

自分の頭では、若くありたいと思っています。ところがわれわれの身体は着々と老いてゆく。その事実と、私の抱いている、いつまでも若いという妄想のギャップが、老いの苦しみになるわけです。あるいは、自分の頭では自分の身体はどうにでもなるのだ、健康が当たり前であると思っているわけです。ところが事実は、生身《なまみ》の身体ですから病にもなる。そうすると、その事実と私の頭のギャップが病の苦しみになる。あるいは、人さまは死んでも自分に限っては死なない、いつまでも生きているんだと思っています。ところが事実は、出る息、吸うを待たないわけですから、明日あることもわからない。そのギャップが死の不安に、死の苦しみになるわけです。

だから満之は、その病とか死といったことを不如意だ、これが事実なのだ、それを如意と思うのは妄想だというのです。つまり事実を見ることによって、その妄想が破れる。その事実に立てば、病になって当たり前、死んで当たり前、老いて当たり前なのです。そこへ立って初めて、満之は安心している、落ち着いているわけです。そういう受け止め方が——文字どおり不如意というのは「死生命あり、富貴天にあり」という世界です——絶対無限の他力に任せきった、乗托《じょうたく》した世界であります。

エピクテタスの思想のなかで、渇《かわ》いた満之の心の中に滲《し》みていったものは、この如意と不如意の論理であったわけです。つまり満之自身、その時「生死如意」の妄想、生死は思いどおりになるのだという妄想が破れ、「生死不如意」の事実に気づかされた。無限、不如意の世界に目覚めているわけです。その瞬間、彼は何かをつき破ったように、静かな一境に落ち着いているわけです。その落ち着いた世界を、彼は「落《らく》在《ざい》」という言葉で呼んでおります。あるいは「落在者」という言葉で表現しております。まさしく死の恐怖を超越した世界です。

その時に、自己を知れとの教えによって自己を見た時――「自己とは何ぞや、是れ人生の根本問題なり。自己とは他なし」という言葉が『絶対他力の大道』の中にあります。『大無量寿経』の中に「汝《なんじ》自《みずか》らをまさに知るべし」という言葉があります。自己を知れとは、ありのままの自己を知れという意味です。老いてゆくままの自己、病にあるままの自己、死にゆくままの明日ありともわからない、そういう自己を見た時――不如意なる、意の如くにならない、思いどおりにならないという自己のあり方というのが見えてきたわけです。

業縁のままにやってくる「疾病・死亡・貧困は不如意」である。「病は身体の障害にして、意念に関するにあらざれ」、そしてこれを「避けんと欲する時は、苦悶免るる能はじ」と、満之は言っています。自然にやってくるものを避けよう避けようとすればするほど、苦しまねばならない。本来、不如意なるものに如意という妄想を持ち、それを避けようとするがゆえに苦しみが生ずるのである。我執《がしゅう》こそが、苦の根源である。満之にその言葉を目覚めさせたのが、「死生命あり、富貴天にあり」という言葉であったのです。まさしく満之は、この言葉によって、エピクテタスの思想の根本を把握し、その言葉によって親鸞の「他力」という言葉を見ているのです。この言葉が清沢満之の絶筆の、『わが信念』の結びの言葉として示されているのです。

如来の能力は十方に亙《わた》りて、自由自在、無障無碍に活動し給ふ。私はこの如来の威神力に寄託《きたく》して、大安楽《だいあんらく》と太平穏《だいへいおん》とを得ることである。私は私の死生《しせい》の大事《だいじ》を、この如来に寄托して、少しも不安や不平を感ずることがない。「死《し》生命《せいめい》あり、富《ふう》貴《き》天《てん》にあり」と云ふことがある。私の信ずる如来は、この天《てん》と命《めい》との根本本体《こんぽんほんたい》である。

このように、満之は喀血《かっけつ》を繰り返す中で死に直面し、あるいは死に瀕した中で、こういった言葉に出会い、それが満之自身に、新しい心境を開かしめ、自在の世界に立たしめているのです。

しかし、この論理は自身が主体的な立場において自覚していくあり方です。決して、他者が他者の意図において、そのように思わしめるあり方ではありません。もし、そのようになされたら、とんでもないことになります。どこまでも、避けがたい死を主体的に受容していくあり方です。

✢落在せるもの

満之の『絶対他力の大道』の中にこういう言葉があります。

自己とは他《た》なし、絶対無限の妙用《みょうゆう》に乗托《じょうたく》して、任運《にんうん》に法爾《ほうに》にこの現前の境遇に落在《らくざい》せるもの、即ちこれなり。ただ、それ絶対無限に乗托す。故に死生《しせい》の事、また憂《うれ》ふるに足らず。生死なおかつ憂ふるに足らず。いかにいわんや、これより而下なる事項においてをや。追放可なり。牢獄甘んずべし。誹謗《ひぼう》・擯斥《ひんせき》・許多《あまた》の凌辱《りょうじょく》、豈《あ》に意に介すべきものあらんや。我等《われら》は寧ろ、ただただ絶対無限の我等に賦与《ふよ》せるものを楽しまんかな。

我等は死せざるべからず。我等は死するも、尚《なお》、我等は滅せず。生のみが我等にあらず。死もまた我等なり。我等は生死を併有するものなり。我等は生死に左右せらるべきものにあらざるなり。我等は生死以外に霊存《れいぞん》するものなり。しかれども生死は、我等の自由に指定し得るものにあらざるなり。生死はまったく不可思議なる他力の妙用によるものなり。しかれば我等は生死に対して、悲喜すべからず。生死尚然り。況《いわん》やその他の転変においておや。我等はむしろ宇宙万化の内において、彼の無限他力の妙用を嘆賞《たんしょう》せんのみ。

文字どおり人事を尽くして進退極まった時に、そういう世界が開けてきているわけです。それはまさに生と死と凌辱を超えて目覚めた「無碍《むげ》の一道」(『歎異抄』)に立っているわけです。親鸞の、何ものにも妨《さまた》げられないという立場です。科学の限界、分別の限界から不可思議に目覚めた彼は、そういう存在である自己を改めて問い直しているのです。

「不可思議」という言葉も、『末燈鈔』に「他力には義無きをもって義とす。不可称、不可説、不可思議のゆえにとおおせそうらいき」と、親鸞が言っています。不可思議というのは、あら不思議というような言葉ではありません。「思議すべからず」という言葉です。思いや計らいを超えた世界を表現する言葉です。このいのちこそが不可思議なるものなのです。

そういう自己を、彼は改めて「自己とは何ぞや?」と、文字どおり、ありのままの自己に出会っていくべく問いかけているのです。そして、その主体的な問いに立って、「自己とは他なし」、他ではないのだと、まず自身の主体的なあり方が、教示されるのです。そして、任運法爾が「他人事ではなく、わが一人」という立場に立った時、開かれてくるものであることを示しているのです。私の死、私の生というところに、満之は立っているのです。

満之は、死は他人事ではないのだと、私事《わたくしごと》なのだと、自己に迫ってくる事実そのものを課題にします。そこでは自分を問わずして神仏に祈っても、他に願いをかけても、どうにもならないのです。自分を課題にしないで、自分はそのままにしておいて、そして欲望を延長する形でいくら祈っても、病はどうにもならない、死はどうにもならない、奇跡はおきないのです。そうではなくて、こちらの価値観が転ぜられることによって、こちらの思いがひっくりかえることによって、その病が引き受けられる、その死が受容できるということが、ほんとうの救済であるのです。今日は、宗教と名のつくものの中には、そういったものが多くあるわけです。したがって、われわれ自身がきちんとした宗教的な眼《まなこ》を持たないと、迷いの世界に入ってしまいます。

そういう中で、満之の「自己とは他なし」という言葉は、自分の究極の課題たる死に対し真向きになれ、死を自分の死として見つめよ、という自己確認とも受け止められます。死を真っすぐに凝視し、わが身を尋視《じんし》した結果、覚知《かくち》されてきたことが、「絶対無限の妙用に乗托して、任運法爾にこの境遇に落在せるもの」ということです。そういう頷《うなず》きであった、そういう自己の発見であったわけです。死にとらわれる思いが破れたら、不可思議の妙用、他力の妙用が現前するのであります。

「任運」とは、投げやりになるという意味ではありません。自分の思いが間に合わないということに気がついた世界です。つまり、分別《ふんべつ》が間に合わないということを自覚した世界です。我執（自我）、分別が破れた世界です。

それまで、自分の生も死もどうにでもなるという、妄想、自我の世界にいた。そしてその疑いの眼に、殻《から》に覆《おお》い包まれていて、分別が破れた広い世界を見ることができなかったのです。如意と思う世界が自閉的世界です。不如意と思う世界が自閉を超えた自在の世界、広い世界です。自分がもともとそういった広大無限の世界に存在していたにもかかわらず、われわれは、その一種の自閉的世界、つまり自分の思いで自分を縛っていたのです。

✧満足した生・満足した死

私たちはいつも思いによって縛られています。われわれの日々の苦悩というのは、増上慢《ぞうじょうまん》と卑下慢《ひげまん》の苦悩がほとんどです。それは、さまざまな価値観に縛られてグルグル巻きになっている世界なのです。仏教ではそれを煩悩《ぼんのう》と言っております。

命の問題もまったく同じです。人生を長い短いという価値観で見ておりますと、その価値観によって自我的欲求を延長しようとして仏さまや神さままで利用して祈るわけです。そういう価値観の世界はどこまでいっても自閉的世界でしかないのです。だから、無限との出遇《であ》い、つまり、如来との出遇いによって、そういう我執や執着が問われてきた時に、すなわち、こちらの価値観が破れてひっくりかえった時に――むこうを変えるのでなくて、こちらが変わった時に――ほんとうに安心できる、ほんとうに落ち着く世界があるのです。

清沢満之はそこに立って、「死生の事憂うるに足らず」――生も死も憂うるに足りない、あるいは「追放可なり。牢獄甘んずべし。誹謗・擯斥・許多の凌辱、豈に意に介すべきものあらんや」――何も恐いものはありません、無碍の一道なのだと言っているわけです。そして、死の問題を超えれば、他の一切のことはそれに及ばないのであるから、それに甘んずることもできる。それどころか逆に、「絶対無限の我等に賦与せるものを楽しまんかな」と言っているのです。結核という病の中で、病を絶対無限の我に賦与した（与えた）ものと言い、それを楽しまんかな、と満之は言っているのです。

死生を超え、一切を超え、無碍自在の世界に帰している、まさしく自然法爾の世界に落在しているのです。そこに、実は真の満足、あるいはほんとうの意味の自在があるのです。満之の言葉の中に「満足」とか「自在」という言葉が出てまいります。この満足というのは、量的に拡大していく満足ではありません。量的にいくら拡大しても、そこにはほんとうの満足はないのです。

インドの天親《てんじん》の『浄土論』の中に、仏は私たちを「よく速《すみ》やかに満足せしむ」と言われています。この「満足」というのは、量的な充足による満足ではありません。それを中国の曇鸞《どんらん》は「自体《じたい》に満足す」(『論註』)と言い、親鸞は「その身《み》に満足せしむ」(『尊号真像銘文』)と言い、主体的な立場で受け止めています。

不如意だというところに立った時に、あるいは満之の言葉で言えば、「追放可なり。牢獄甘んずべし。許多の凌辱、豈に意に介すべきものあらんや」と、老も来い、死も来い、どんと来いというところに立てるのです。

死に対して無力なわれわれは、無限・絶対に出遇うこと、つまり、ただ如来に目覚めゆくことしかないわけです。業縁《ごうえん》存在であるわれわれにとって、死も生も如何ともしがたい、不如意である。それを超える道は、不老不死を祈って奇跡を求めてなんとかしようとすることではなくて、私たち自身が、それに対するとらわれ、あるいは計らい、価値観を転ずることによって、それを逆に積極的に引き受けることのできる世界に立つというあり方による以外にないのです。それは文字どおり、『観無量寿経』で言えば、王舎城のあの牢獄の中にありながら、韋提希《いだいけ》夫人が救われているという、その事実であるわけです。

「自己とは何ぞや」という満之の言葉を、ともすると、なにか自身の胸の内だけを問うているという形で受け止めがちですが、私は、この言葉は、前後の関係から考えるならば、「命とは何か」、あるいは「死生とは何か」という呼びかけであったのではないかと思います。死生が如意であるという妄想が破れて、無限の他力に目覚め、死の不安、死を超えていったということからすれば、満之の「自己とは何ぞや」という言葉は、「死生とは何ぞや」「命とは何ぞや」という言葉として受け止めることができるわけです。そのように満之の如意・不如意という立場において、死にゆく身を受容し、あるいは超越していった世界があるわけです。

✢生死の問題と国家の問題

満之の日々の生活というのは、『絶対他力の大道』の言葉で言えば、

独立者《どくりつしゃ》は常に生死巌頭《しょうじがんとう》に立在《りつざい》すべきものなり。殺戮《さつりく》・餓死《がし》もとより覚悟のことたるべし。すでに殺戮・餓死を覚悟す。

とあるように、「生死巌頭に立つ」、生と死に真向きになって、その分水嶺《ぶんすいれい》に立つというあり方であるわけです。

満之の晩年の日記の一部分が、「解脱《げだつ》」というタイトルで別出されております。その中に、

解脱とは、生の一方に執着する妄念を解脱するなり。

とあります。解脱というのは、「生死解脱」と言いますように、仏教の悟りを意味する言葉です。続いて、

生死に対する執念を解脱せしむるには、死に如《し》くもなし。身正の解脱は、死後未来にありとするの教旨は、けだし這般の根拠より出ずるものなり。故に吾人《ごじん》が生中にありて、幾分解脱の妙致《みょうち》を観取せんには、吾人はいわゆる生死巌頭、大死一番底の心地に臨まざるべからず。いわゆる臨終をとりつめて、信心を喜ぶと言う者、すなわちこれなり。しかれども解脱は、常に死の中にありと誤るなかれ。解脱は決して死の中に限らるるものにあらず。

とあります。ここに満之の、「今」における死を課題にしているという基本的な立場があるわけです。つまり、生死巌頭、大死一番に立って、臨終をとりつめて、「今」、信心を喜んでいる。「今」、いのちに目覚めているのです。それは、親鸞の、現生にお

いて正定聚《しょうじょうじゅ》不退転《ふたいてん》に住するという立場です。現生において、まさしく往生することの定まった集まりに立つ。死後ではなく、現生です。臨終ではなくて現在なのです。「臨終まつことなし。来迎たのむことなし」と、親鸞は『末燈鈔』の中で言っております。

臨終ではなくて、臨終をとりつめて、「今」、死を見つめるわけです。そしてその解脱とは、生に執着せず、生死を超えたところ、そのとらわれを離れたところにあるというのです。親鸞は「今」というところから死を見つめ、そしてその連続において生きていくという、たいへん緊張したあり方を示しています。だから死の問題を、いつも「今」というところに置いてずっと生きていく。それを満之は「生死巌頭に立つ」という言葉で表現しているわけです。

死を迎えている者、あるいは心理的に死を問題化している者にとっては、やはり生死出離、生死を超えていくということが一番の問題であります。しかしそれは、国家社会の問題、あるいは世俗の問題を、放置して問題にしないということでは決してないわけです。国家社会も、いわば生死、命に立って考えるべきであり、逆に国家社会の問題も、いわば命の問題がその根底にあるのです。いたずらに個人の内にこもってしまうのではなくて、命に共感し共鳴し、その共有する命を得るために、実践として発動されていく。そのための国家問題、そのための社会問題であるのです。

だから根本はやはり〝命〟というところに立つ、ということです。国家の問題、社会の問題はどうでもいいというのではなく、命というところに立って、国家の問題も社会の問題も考えていくべきであります。そこに立つならば、私の生きているあらゆる出来事すべてが仏事《ぶつじ》であります。命を問うことを、今の仏事とするならば、国家社会も命を根底にして、もっと言えば、命の尊厳性を守るために国家社会の問題があるとするならば、国家社会の問題も仏事であると受け止めることができます。清沢満之に社会問題に対する積極的な発言はありませんが、私はこのように理解しています。

清沢満之が如来の威神力に寄托して生死を超えた、大安楽と大平穏を得ることができたということは、満之自身が、絶対無限に出遇ったということです。何が満之に満足なる人生、満足したる死を与えたのかといえば、それはこの「天と命の根本本体」にほかならない。現生における如来との出遇いが、満之に「一切を憂うるに足らず。意に介する者あらず」という、落在する境遇を与えたわけです。その落在せる境遇というのは、文字どおり、無生無死あるいは不生不滅、無生の生であります。

満之が今日で言えば、死に瀕する病、当時の結核になりながらも、こういう形で死を超えていったということを、満之の人生を通して、死後百年を経た現代において、われわれは学ぶことができるのであります。

(本書は、一九九〇年に同朋大学の「死そして生を考える研究会」で行った講演録を整理したものです)

田代俊孝（たしろ　しゅんこう）
1952年滋賀県に生まれる。大谷大学大学院博士後期課程満期退学。同朋大学助教授、カリフォルニア州立大学客員研究員を経て、現在、同朋大学教授。名古屋大学医学部・大谷大学非常勤講師。名古屋大学医学部倫理委員。「死そして生を考える研究会」代表。
著書に『広い世界を求めて――登校拒否の心をひらいた歎異抄』（毎日新聞社）『親鸞の生と死――デス・エデュケーションの立場から』『悲しみからの仏教入門』［正・続］『仏教とビハーラ運動――死生学入門』『やさしく語る 仏教と生命倫理』『真宗入門 御文に学ぶ［増補新版］』（法藏館）など。編著に『講座いのちの教育』シリーズ全３巻（法藏館）など。

清沢満之に学ぶ生と死
伝道シリーズ 10

2002年11月30日　初版第1刷発行

著者――田代俊孝
発行者――西村七兵衛
発行所――株式会社法藏館
〒600-8153
京都市下京区正面通烏丸東入
電話　075-343-5656
振替　01070-3-2743

印刷・製本――リコーアート

乱丁・落丁本の場合はお取り替え致します
ISBN4-8318-2170-5　C0015